鄧啓著

文史哲學集成

國史新論

文史哲出版社印行

國立中央圖書館出版品預行編目資料

國史新論 / 鄧啓著. -- 初版. -- 臺北市 : 文史哲, 民83
面 ; 公分. -- (文史哲學集成 ; 326)
參考書目:面
ISBN 957-547-895-9(平裝)

1. 中國 - 史學

611　　83009922

文史哲學集成 326

國史新論

著者：鄧啓
出版者：文史哲出版社
登記證字號：行政院新聞局局版臺業字五三三七號
發行人：彭正雄
發行所：文史哲出版社
印刷者：文史哲出版社
台北市羅斯福路一段七十二巷四號
郵撥〇五一二八八一二彭正雄帳戶
電話：三五一一〇二八

實價新台幣一六〇元

中華民國八十三年十月初版

ISBN 957-547-895-9

自序

余喜治史，尤對春秋、史記、漢書、資治通鑑，無不酷愛。余對太史公與司馬溫公，崇拜之至。太史公以一人之力，成前所未有之通史，爲紀傳體鼻祖，其尊孔子入世家，升項羽入本紀，貨殖游俠刺客皆有列傳，是皆特識，後之史家無出右者。司馬溫公修史，專取歷代君臣事跡，關國家盛衰，繫生民休戚，善可爲法，惡可爲戒者，爲編年一書，歷十九年，供人君取法。神宗嘉之，以其有裨治道，賜名『資治通鑑』。此二公鉅著，眞可謂空前絕後，後世無有繼者。余常見晚近治史者，多自命專家，惟多以抄襲爲尙，既無史識，故鮮創見，每念浩嘆。因不計譾陋，撰『國史新論——指誤與創見』一書，提出余對國史之體例、書法、統緒等與前人不同看法，區區之意，在使史學更完善耳。

作者簡介暨寫作說明

鄧　啓，字子發，山西懷仁人，民國十年生。國立山西大學畢業，成都華西大學研究所研究。曾任太原綏靖公署少將參事、軍委會委員長成都行轅少將參議、銓敘部簡任秘書、成都華西大學教授、私立銘賢學院教授、教育部特約編審、中華日報主筆、省立暨國立臺北工專教授，先後三十餘年。鄧氏兼治文史，主張學問之道必須致用，其治儒學，集中於如何修己治人；其治史學，重在鑑古知今。著作有「修己論綱」（亦名「心性論綱」）、「治術興邦」、「資治文鑑」、「國史新論」、「司馬光學述」、「通鑑論贊輯要箋」、「存養錄」等。其闡揚儒學作品，曾獲新加坡政府特函讚譽。

國史新論　目次

自　序……一
一、前　言……一
二、國史的種類……三
三、國史的體例……五
四、國史的書法……四一
五、國史的統緒……六二
六、結　論……六八
主要參考書……六九
附　表
一、歷代系統與史書關係表……七一

二、廿五史修撰表……七四
三、廿五史例目表……七九
四、廿五史帝紀表……八一
五、廿五史中之各表表……八七
六、廿五史中各志表……九〇
七、廿五史中類傳表……九三

一、前　言

一本文融會中外史學觀點，不偏於守舊，亦不蓄意趨新，務求客觀而有自己的見解。

二今人撰寫學術論文，多重徵引資料，此爲治學應有的方法。惟有些人流於抄襲，務求其多，甚少提出自己的見解，實爲缺失。本人以爲所貴乎徵引資料，在證明自己看法之對，或證明他人看法之不對，或必須以資料說明某一事件的眞象。換言之，必須有必要徵引資料才徵引，尤須辨明所引資料的可靠性。

三本文字數不擬貪多，寫其所當寫，而略其所當略，這是本人撰寫本文的態度。

二、國史的種類

我國史書的種類，約分三種：

一**編年體**。是以年代爲中心的史書，創自孔子，春秋即是。春秋是以魯君的年號記述史實的，上起隱公，下迄哀公。其後最著名的編年史，是司馬光的「資治通鑑」，上起三家分晉，下迄五代之末，是一部偉大的編年史。

二**紀傳體**。是以人物爲中心的史書，創自司馬遷，史記即是一部偉大的紀傳史。上起軒轅，下迄漢武帝天漢，是分以歷代帝王、諸侯、大臣、及社會上特殊人物爲單元，記述其一生或有突出表現的史書。

三**紀事本末體**。是以事爲中心的史書，可以袁樞的「通鑑紀事本末」爲代表，全書全據資治通鑑，將歷代每一大事的起末貫串成一體，予人以可窺全貌之感。

研究歷史不外兩大方向：一、治亂興衰，可稱之爲動態的歷史。二、典章制度，可稱之爲靜態的歷史。上述三種史書，雖然有的有書、志、表、等記載典章制度，惟較簡略，大多側重記述治亂興衰。所以後世又有杜佑的「通典」，馬端臨的「文獻通考」，鄭樵的「通志」三書，專門記述歷代的典章制度，以補前述史書之缺。馬氏文獻通考尤爲精采。此後又有續三通及皇清三通之作，內容已遠不如前。本文所論，是專就前舉三種動態的史書而發的，至於靜態的史書，容俟另文論述。

三、國史的體例

在國史中，編年體和紀事本末體的體例，較爲簡單，可議的地方較少，今所論的，是屬於紀傳體的史書。這一類史書，內容繁富，所紀年代緜長，朝代相接，從太古以迄中古或近世，又加作者衆多，可資研究的地方不少。

所謂紀傳體史書，就是史記、前漢書、後漢書、三國志、晉書、宋書、南齊書、梁書、陳書、魏書、北齊書、周書、南史、北史、隋書、舊唐書、新唐書、舊五代史、新五代史、宋史、遼史、金史、元史、新元史、明史、也稱二十五史。此外尚有清史稿，因未定案，姑置不論。二十五史的體例，主要是依據史記，史記爲紀傳體的鼻祖，發凡創例，對於後世的影響甚大。史記的體例，分本記十二，記述天子的史實。世家三十，記述諸侯的史實。列傳七十，記述大臣及社會上特殊人物的史實。另有年表十，以表記述歷代世系、攻伐、封奪、郡國、及列國興衰大勢。書八，記述禮、樂、律、曆、天官、封禪、河渠、平準等大事。如就太史公那時的政治及社會狀況以觀，這種體例確是偉大的創例。後世史家踵事效法，雖然有的略有改變，但大體不出史記的範圍。

譬如：史記有「本紀」，漢書稱之爲「紀」，後世各史有稱紀的，有稱本紀的，其實一樣。又如史記有「書」，漢書稱之爲「志」，後世各史多稱志，所不同的，是將志中的名目增加了一些。新五代史則改志爲「考」，其實一樣。又如史記有「列傳」，後世各史皆有，所不同的，是將彙傳中的名稱增加了不少。特別是如「藩鎮」「賊臣」「僭僞」「附庸」「義兒」「伶官」「閹黨」「流賊」「土司」等名目，多爲前世所無，這是由於後世的政治現實而必需增加的。茲將紀傳各史列一簡表如後，以研其體例。

二十五史簡介表

書名	別稱	主要內容	編著者	起止時間	備考
史記	太史公書	1.十二本紀──五帝、夏、殷、周、秦、秦始皇、項羽、高祖、呂后、孝文、孝景、孝武。 2.三十世家──吳、齊、魯、燕、管蔡、陳杞、衛、宋、晉、楚、越王勾踐、鄭、趙、魏、韓、田敬仲完、孔子、陳涉、外戚、楚元王、荊燕、齊悼惠王、蕭相國、曹相國、留侯、陳丞相、絳侯	司馬遷──字子長，漢左馮翊夏陽人（今陝西韓城）。景帝中元五年生，卒年不詳。遷繼父談爲太史令，作太史公書。天漢三年遭李陵之禍，被腐刑下	上起軒轅，下迄天漢，共二千六百餘年。	史記一書，據考證頗多增補之處，十篇亡失，經褚少孫補入。十篇爲：景紀、武紀、禮書、樂書、兵書、漢興以來將相年表、日者列傳、三王世家、龜策列傳、傅靳列傳。

		、梁孝王、五宗、三王。 3.十表——三代世表、十二諸侯年表、六國年表、秦楚之際月表、漢興以來諸侯年表、高祖功臣侯者年表、惠景間侯者年表、建元以來侯者年表、建元以來王子侯者年表、漢興以來將相名臣年表。 4.八書——禮、樂、律、曆、天官、封禪、河渠、平準。 5.七十列傳——或以人爲題者如伯夷列傳，或以職事爲題者如循吏列傳，或以外夷爲題如匈奴列傳是。 全書共一百三十篇。	獄，子長隱忍不死，憤力述作。		
漢	前	1.十二帝紀——高祖、惠帝、高后、文帝、景帝、武帝、昭帝、宣帝、元帝、成帝、	班固——字孟堅，東漢扶風安陵人。生於	起高祖元年，迄王莽地皇四	漢書始於班彪，初作史記後傳數十篇，未竟而卒，子班

書	後
漢書	
哀帝、平帝。 2.八表——異姓諸侯王表、諸侯王表、王子侯表、高惠高后孝文功臣表、景武昭宣元成哀功臣表、外戚恩澤侯表、百官公卿表、古今人表。 3.十志——律歷、禮樂、刑法、食貨、郊祀、天文、五行、地理、溝洫、藝文。 4.七十列傳——或以人爲題者如陳勝項籍傳，或以職事爲題者如儒林傳，或以外夷爲題者如匈奴傳是。 全書共一百篇，一百廿卷。	1.十帝后紀十二卷——光武帝紀、明帝紀、章帝紀、和帝紀、殤帝附、安帝紀、順帝紀、沖帝、質帝附、桓帝紀、靈帝紀、獻帝紀、皇后紀
建武八年，卒於永元四年。班固繼父彪作漢書，自永平初受詔述作，至永元四年大將軍竇憲伏誅，固受株連，死洛陽獄。	范曄——字蔚宗，南朝宋順陽人。生於晉隆安二年，卒於劉宋文帝元
年，合二百三十年。	起光武建武元年，迄獻帝延康元年，合一百九
固繼父業，歷二十餘年大致成書。後被誣死，書頗散亂，由其妹班昭及同郡馬續先後爲之補輯完成。	撰後漢書者頗多，有謝承、薛瑩、司馬彪、劉義慶、華嶠、謝沈、袁山松七家，又有劉珍等

漢書	三國
。 2.八志三十卷——律歷、禮儀、祭祀、天文、五行、郡國、百官、輿服。 3.八十列傳八十八卷——其中彙傳有：黨錮、循吏、酷吏、宦者、儒林、文苑、獨行、方術、逸民、烈女、四夷。 全書共九十八篇，一百三十卷。	一、魏志三十卷： 1.四帝紀——武帝操、文帝丕、明帝叡、三少帝（齊王芳、高貴鄉公髦、陳留王奐）。 2.二十六列傳——后妃、
嘉二二年。初爲彭城王義康冠軍參軍，嗣爲尚書吏部郎。後因忤義康，左遷太守，累遷太子左衛將軍。後因彭城王義康被黜事，與魯國孔熙先謀，欲傾宋室，事發伏誅。	陳壽——字承祚，晉巴西安漢人。生於蜀漢後主建興二二年，卒於晉惠帝元康七年。
十二年。	1.魏書：起初平元年，迄陳留王咸熙二年。
之東觀漢紀，袁宏之後漢紀等，范曄乃刪取衆書成一家言。	壽以魏爲紀，僅爲蜀漢及吳立傳，又改漢曰蜀。壽之所以帝魏者，因壽爲晉臣，晉承魏祚，僞魏即所以僞晉之

志		董卓、袁紹、袁術、劉表……等。 二、蜀志十五卷：十五列傳——劉焉、劉璋、先主備、後主禪、諸葛亮……等。 三、吳志二十卷：二十列傳——孫堅、孫策、吳主權、周瑜、魯肅、……等。 全書共六十五卷。	入晉出補陽平令時，撰蜀相諸葛亮集奏之，除著作郎，領本郡中正，終御史治書。撰有三國志、益都耆舊錄。	2.蜀書：起魏文帝黃初元年，迄陳留王景元四年。 3.吳書：起魏明帝太和三年，迄晉太康元年。	故。
晉		1.帝紀十——宣帝紀、景帝、文帝紀、武帝紀、惠帝紀、懷帝、愍帝紀、元帝、明帝紀、成帝、康帝紀、穆帝、哀帝紀、廢帝（即海西公）	房玄齡——字喬松，唐齊州臨淄人。生於北周武帝宣政元年，卒於唐	起晉武帝太始元年，迄恭帝元熙元年，合一百	1.晉書唐太宗自撰宣、武、陸機、王羲之四論，故曰「制旨」，又總題曰「御撰」

書				
、簡文帝、孝武帝紀、安帝、恭帝紀。 2.志二十——天文、地理、律歷、禮、樂、職官、輿服、食貨、五行、刑法。 3.列傳七十——除爲大臣作傳外，彙傳有：后妃、宗室、孝友、忠義、良吏、儒林、文苑、外戚、隱逸、藝術、烈女、四夷、叛逆。 4.載記三十——⑴前趙三卷劉淵等。⑵後趙四卷石勒等。⑶前燕四卷慕容純等。⑷前秦四卷苻健等。⑸後秦四卷姚萇等。⑹後蜀二卷李特等。⑺後涼一卷呂光等。⑻後燕二卷慕容奕等。⑼西秦乞伏國仁與北燕馮跋合一卷。⑽南涼一卷禿髮烏孤等。⑾南燕二卷慕容德等。⑿北	太宗貞觀二二年，年十八舉進士，授羽騎尉。及太宗即位，累進左僕射，徙梁國公，居相位十五年，進司空，卒謚文昭。尚有顏師古、孔穎達等參預合纂。唐太宗亦自撰宣帝紀、武帝紀等。	五十六年。	。 2.修史之出衆手，自晉書始。

	宋書
涼一卷沮渠蒙遜⒀夏一卷連連勃勃。 全書共一百三十卷。	1.帝紀八——武帝、少帝、文帝、孝武帝、前廢帝、明帝、後廢帝、順帝。 2.志八目三十卷——歷、禮、樂、天文、苻瑞、五行、州郡、百官。 3.列傳六十卷——除爲大臣作傳及自序一卷外，其彙傳有：后妃、宗室、孝義、隱逸、恩倖、夷蠻。 全書共一百卷。
	沈約——字休文，梁吳興武康人。生於劉宋文帝元嘉一八年，卒於梁武帝天監一二年，仕宋及齊，累官司徒左長史，至梁爲尚書僕射，遷尚書令。著述頗多，其撰宋書，於齊永明五年奉敕，次年二月，即告成，甚速。
	起宋武帝永初元年，迄順帝昇平二年，合六十年。

南齊書	齊書	1.本紀七——高帝、武帝、鬱林王、海陵王、明帝、東昏侯、和帝。 2.志八目十一卷——禮、樂、天文、州郡、百官、輿服、祥瑞、五行。 3.列傳四十——其中彙傳有七：皇后、宗室、文學、良政、高逸、孝義、倖臣。 全書共五十九卷。	蕭子顯——字景陽，梁南蘭陵人。生於齊武帝永明七年，卒於梁武帝大同三年，累遷吏部尚書侍中，大同間出爲吳縣太守。	起高祖建元元年，迄和帝中興元年，合二十四年。	南齊書原名「齊書」，趙宋以後冠以「南」字，以與北齊書別。
梁書		1.本紀六卷四帝——武帝、簡文帝、元帝、敬帝。 2.列傳五十卷——其中彙傳有八：皇后、孝行、儒林、文學、處士、止足、良吏、諸夷。 全書共五十六卷。	姚思廉——本名簡，以字行。唐吳興武康人。生年不詳，卒於貞觀十一年，累官弘文館學士。奉詔與魏徵同撰	起武帝天監元年，迄敬帝太平元年，合五十六年。	原稿出於思廉父姚蔡之手，故今本自六卷之後，尚題有「陳吏部尚書姚蔡」字樣。

			梁、陳書。授散騎常侍。		
陳書		1.本紀六卷、五帝——高祖、世祖、廢帝、宣帝、後主。 2.列傳三十卷——其中彙傳有五：皇后、宗室、孝行、儒林、文學。 全書共三十六卷。	姚思廉撰	起武帝永定元年，迄後主禎明三年，合三十三年。	陳書三十六卷，爲本紀六卷，列傳三十卷。本紀六卷，紀實有五。曾鞏陳書校序及晁公武郡齋讀書志皆謂六本紀，此蓋六卷之誤
魏書	北魏書、後魏書	1.十二帝紀、十四卷——序紀、太祖道武帝、太宗明元帝、上世祖太武帝、下恭宗景皇帝、高宗文成帝、顯祖獻文帝、高祖孝文帝、世宗宣武帝、肅宗孝明帝、敬宗孝莊帝、前廢帝長廣王、後廢帝（節閔帝）、出帝平陽王、孝靜帝。	魏收——字伯起，北齊鉅鹿下陽人。生於北魏宣武帝正始五年，卒於齊後主武平三年。在魏爲太子博士，中外府主簿，及齊	起太祖登國元年，迄北齊天保二年，合一百六十五年。	魏書一百三十卷，宋劉恕、范祖禹等校定時，其序錄已有「亡逸不完者無慮三十卷，今各疏於逐篇之末」之語，四庫提要謂實缺二十九傳。然據何書以補缺，則恕等

	2.九十二列傳、九十六卷——其中彙傳有后妃、外戚、儒林、文苑、孝感，節義、良吏、酷吏、逸士、藝術、烈女、恩倖、閹官。 3.十志、二十卷——天象、地形、律歷、禮、樂、食貨、刑罰、靈徵、官氏、釋老。 全書共一百三十卷。	受禪，詔冊皆出收手。除中書令，仍兼著作郎。尋詔令專撰魏史。		未言。崇文總目則謂收書已與魏澹魏書、李延壽北史相亂。
北齊書	1.本紀八卷、七帝——神武、文襄、文宣、廢帝、孝昭、武成、後主。 2.列傳四十二卷——其中彙傳有：儒林、文苑、循吏、酷吏、外戚、方伎、恩倖。 全書共五十卷。	李百藥——字重規，唐安平人。生於北齊後主天統元年，卒於唐太宗貞觀二二年。初仕隋，——後歸唐，大宗重其才，拜中書舍人，受詔	起北齊文宣帝元年，迄北齊之亡，合二十八年。	四庫提要云：北齊書「大致仿後漢書之體，卷後各繫論贊。然其書自北宋以後，漸就散佚，故晁公武讀書志已稱殘缺不完。今所行，蓋後人雜取北史等書以補亡，非舊帙矣。」

	周書
	1.本紀八卷、六帝——文帝、孝閔帝、明帝、武帝、宣帝、靜帝。 2.列傳四十二卷——其中彙傳有：皇后、儒林、孝義、藝術、異域。 全書共五十卷。
修定五禮及律令。旋於貞觀元年奉敕撰齊書。十年齊書成，加散騎常侍。	令狐德棻——唐宜州華原人。生於隋文帝開皇三年，卒於唐高宗乾封元年。高祖時爲秘書丞，遷秘書侍郎，兼領國史，累遷國子祭酒。德棻博學多通，國家凡有修撰，無不參預。
	起周孝閔帝元年，迄靜帝大定元年，合二十五年。
	周書與魏、齊二書同遭殘佚補緝，淆亂殊甚。四庫提要云：「今考其書，殘闕殊甚，多取北史以補亡。又多有所竄亂，而皆不標其所移掇者何卷，所削改者何篇，遂與德棻原書混淆莫辨。」

		後專主修周書。	
南史	一、本紀十卷： 1.宋本紀三卷、八帝——武帝、少帝、文帝、孝武帝、前廢帝、明帝、後廢帝、順帝。 2.齊本紀二卷、四帝二王一侯——高帝、武帝、鬱林王、海陵王、明帝、東昏侯、和帝。 3.梁本紀三卷、四帝——武帝、簡文帝、元帝、敬帝。 4.陳本紀二卷、五帝——武帝、文帝、廢帝、宣帝、後主。 二、列傳七十卷——其中彙傳有：循史、儒林、文學、	李延壽——字遐齡，唐相州人。生於隋開皇年間，卒於唐儀鳳之末。貞觀中官御史臺主簿，兼値國史。	1.宋本紀——起宋孝武帝永初元年，迄齊高帝建元元年。 2.齊本紀——起齊高帝建元元年，迄和帝中興二年。 3.梁本紀——起梁

	北
孝義、隱逸、恩倖、夷貊、賊臣。 全書共八十卷。	一、本紀十二卷： 1.魏本紀五卷、十五帝—序紀、武帝、明元帝、太武帝、文成帝、獻文帝、孝文帝、宣武帝、孝明帝、孝莊帝、節閔廢帝、孝武帝、文帝
	李延壽撰。
武帝天監元年，迄敬帝太平二年。 4.陳本紀—起陳武帝永定元年，迄後主禎明三年。	1.魏本紀—起北魏道武登國元年，迄孝靜天保二年
	北史全書卷數，據李延壽進書表所稱爲紀十二卷、列傳八十八卷，合計一百卷。惟馬端臨文獻通考作八十卷。四庫提要謂其誤也

史

、廢帝、恭帝、東魏孝靜帝。

2.齊本紀三卷、八帝——神武帝、文襄帝、文宣帝、廢帝、孝昭帝、武成帝、後主、幼主。

3.周本紀二卷、六帝——文帝、孝閔帝、明帝、武帝、宣帝、靜帝。

4.隋本紀二卷、三帝——文帝、煬帝、恭帝。

二、列傳八十八卷——其中彙傳有：外戚、儒林、文苑、孝行、循吏、酷吏、隱逸、藝術、烈女、僭僞、附庸、序傳。

全書共一百卷。

。

2.齊本紀——起北魏晉泰元年，迄幼主承光元年。

3.周本紀——起北魏永熙三年文帝受封，迄隋開皇元年靜帝崩。

4.隋本紀——起隋文帝開

。

	隋書
	1.三紀五卷——文帝、煬帝、恭帝。 2.十志三十卷——禮儀、音樂、律曆、天文、五行、食貨、刑法、百官、地理、經籍。 3.五十列傳——其中彙傳有：后妃、誠節、孝義、循吏、酷吏、儒林、文學、隱逸、藝術、外戚、烈女、東夷、南蠻、西域、北狄。 全書共八十五卷。
	魏徵——字玄成，唐魏州曲城人。生於北周靜帝大成二年，卒於唐太宗貞觀一七年。太宗時拜諫議大夫，檢校侍中。貞觀三年徵奉詔監修隋書、書成，進左光祿大夫，封鄭國公，謚文貞。
皇元年，迄恭帝義寧二年。	起文帝開皇元年，迄恭帝義寧二年，合三十七年。

舊唐書	唐書	1.二十本紀、一皇后二十卷——高祖、太宗、高宗、則天皇后、中宗、睿宗、玄宗、肅宗、代宗、德宗、順宗、憲宗、穆宗、敬宗、文宗、武宗、宣宗、懿宗、僖宗、昭宗、哀帝。 2.十一志三十卷——禮儀、音樂、天文、五行、地理、職官、輿服、經籍、食貨、刑法、曆。 3.列傳一百五十卷——其中彙傳有：后妃、外戚、宦官、良吏、酷吏、忠義、孝友、儒學、文苑、方伎、隱逸、列女、突厥、吐蕃、回紇、南蠻、西南蠻、西戎、東夷、北狄。 全書共二百卷。	劉昫——字耀遠，後晉涿州歸儀人。生於唐僖宗天啓三年，卒於後晉出帝開運三年。唐莊宗以爲翰林學士，明宗遷端明殿學士，未幾入相。末帝時監修國史。天福中罷爲東都留守，開運中拜司空平章事。後以太保卒。	起高祖武德元年，迄哀帝天佑五年，合二百九十年。	1.本書題爲後晉劉昫奉敕撰，蓋書成之際，昫適爲相之故。實際修撰者有張昭遠、賈緯、趙熙、鄭受益、李爲光等。 2.本書原名「唐書」，宋歐陽修新唐書修成，乃冠舊字於其上，以資區別。

新唐書			
1.二十一紀十卷——高祖皇帝、太宗、高宗、則天順聖武皇后、中宗、睿宗、玄宗、肅宗、代宗、德宗、順宗、憲宗、穆宗、敬宗、文宗、武宗、宣宗、懿宗、僖宗、昭宗、哀帝。(僅高祖太宗高宗各爲一卷餘均併合成卷，共十卷) 2.十三志五十卷——禮樂、儀衛、車服、歷志、天文、五行、地理、選舉、百官、兵志、食貨、刑法、藝文。 3.四表十五卷——宰相、方鎭、宗室世系、宰相世系。 4.列傳一百五十卷——其中彙傳有：后妃、宗室、諸帝子、諸帝公主、諸夷藩將、宗室、宰相、忠義、卓行、孝友、隱逸、循吏、儒學、文	1.歐陽修——字永叔，北宋廬陵人。生於宋眞宗景德四年，卒於宋神宗熙寧五年。初爲館閣校勘，嘉佑五年拜樞密副使，六年參知政事。後以追崇濮王事，爲群小所忌，罷爲觀文殿學士，知亳州。至熙寧四年，以太子師致仕。五年	起高祖武德元年，迄梁太祖開平元年，合二百九十年。	本書爲歐陽修、宋祁等奉仁宗敕撰，紀志表歐陽修撰，列傳宋祁撰。

		藝、方伎、烈女、外戚、宦者、酷吏、藩鎮、北狄、西域、南蠻、姦臣、叛臣、逆臣。 全書共二百二十五卷。
		卒。謚文忠。 2.宋祁──字子京，北宋安州安陸人。生於眞宗咸平元年，卒於仁宗嘉祐六年。累遷龍圖閣學士，史館脩撰。唐書成，遷左丞，進工部尙書，拜翰林學士，謚景文。
舊五	一、梁書二十四卷： 1.二紀──太祖、末帝。	
	薛居正──字子平，宋開封	
	1.梁書──起梁太	
	本書係宋薛居正奉敕監修，與修諸人	

五代史	
代史	
2.列傳十四卷——其中彙傳有：后妃、宗室、諸臣。 二、唐書五十卷： 1.五紀——武皇、莊宗、明宗、閔帝、末帝、潞王。 2.列傳二十六卷——含后妃、宗室、諸臣。 三、晉書二十四卷： 1.二紀——高祖、少帝。 2.列傳十三卷——含后妃、宗室、諸臣。 四、漢書十一卷： 1.二紀——高祖、隱帝。 2.列傳六卷——含后妃、宗室、諸臣。 五、周書二十二卷： 1.三紀——太祖、世宗、	
浚儀人。生於梁太祖乾化二年，卒於宋太平興國六年。後唐清泰初登第，乾德初官兵部侍郎，以本官參知政事，監修五代史，畢，進平章事。太平興國初進位司空。卒諡文惠。	
祖開平元年，迄後唐同光元年。 2.唐書——起乾符三年武帝入雲中，迄清泰三年辛巳末帝卒。 3.晉書——起高祖天福元年，迄後漢乾祐二年	
爲盧多遜，扈蒙、張澹、李昉、劉兼、李穆、李九齡等。原名梁唐晉漢周書，自歐陽修五代史刊行後，不爲時重，後人乃冠一舊	

恭帝。

2.列傳十一卷——含后妃、宗室、諸臣。

六、彙傳七卷——世襲列傳二、僭僞列傳三、外國列傳二。（記十國及外國事）

七、十志——天文、歷、五行、禮、樂、食貨、刑法、選舉、職官、郡縣。

共有紀六十一、志十二、列傳七十七，全書共一百五十卷。

少帝走建州。

4.漢書——起天福十二年後漢高祖即位，迄乾祐三年隱帝卒。

5.周書——起太祖廣順元年，迄顯德七年。

新五

新五

1.十二本紀：

(1)梁本紀——太祖、末帝

宋・歐陽修私撰。

起後梁太祖朱溫，

代史	代史記 五代史記	。 (2)三唐本紀——莊宗、明宗、愍帝、廢帝。（愍帝廢帝共一紀） (3)二晉本紀——高祖、出帝。 (4)二漢本紀——高祖、隱帝。 (5)三周本紀——太祖、世宗、恭帝。 2.四十五列傳——悉爲彙傳。有：家人、梁臣、唐臣、晉臣、漢臣、周臣、死節、死事、一行、唐六臣、義兒、伶官、宦者、雜。 3.二目三考：司天、職方。 4.十世家——吳、南唐、前蜀、後蜀、南漢、楚、吳越、閩、南平、北漢。 5.一年譜。		迄後周恭帝，合五十一年。	

	（續上）	宋史
內容	6.三附錄——契丹、奚、吐渾、韃靼。（記四夷事） 全書共七十四卷。	1.十六本紀——太祖、太宗、眞宗、仁宗、英宗、神宗、哲宗、徽宗、欽宗（以上北宋）、高宗、孝宗、光宗、寧宗、理宗、度宗、瀛國公。（以上南宋） 2.十五志——天文、五行、律歷、地理、河渠、禮、樂、儀衛、輿服、選舉、職官、食貨、兵、刑法、藝文。 3.二表——宰輔、宗室世系。 4.二百五十五列傳——彙傳有后妃、宗室、公主、北宋諸臣、南宋諸臣、循吏、道學、儒林、文苑、忠義、隱逸、卓行、烈女、方伎、外戚
作者		脫脫——字大用，元人。生年不詳，卒於元明宗天歷元年。累官至御史大夫，至正初進中書右丞相，後値芝麻李、張士誠等反，脫脫總制諸省軍討之。以出師無功，被劾削爵，安置淮安，改流雲南，哈麻矯詔鴆殺之。
時代		起宋太祖建隆元年，迄元世祖至元十六年，合三百一十七年。
附註		本書總修脫脫，元史本傳作托克托，實際一人。

書名		體例	作者	起訖
		、宦者、佞倖、姦臣、叛臣、世家、周三臣、外國、蠻夷。 全書共四百九十六卷。		
遼史		1.九本紀——太祖、太宗、世宗、穆宗、景宗、聖宗、興宗、道宗、天祚帝。 2.十志——營衛、兵衛、地理、歷象、百官、禮、樂、儀衛、食貨、刑法。 3.八表——世表、皇子、公主、皇族、外戚、遊幸、部族、屬國。 4.四十五列傳——其中彙傳有：后妃、宗室、文學、能吏、卓行、烈女、方伎、伶官、宦官、姦臣、逆臣、外紀。 全書共一百一十六卷。	元脫脫等奉敕撰。	起遼太祖神冊元年，迄天祚帝保大五年，合二百一十年。

書名		內容	撰者	起訖	備註
金史		1.九本紀——世紀、太祖、太宗、熙宗、海陵、世宗、章宗、衛紹王、宣宗、哀宗、世紀補。 2.十四志——天文、歷、五行、地理、河渠、禮、樂、儀衛、輿服、兵、刑、食貨、選舉、百官。 3.二表——宗室、交聘。 4.列傳七十三卷——其中彙傳有：后妃、世戚、忠義、文藝、孝友、隱逸、循吏、酷吏、佞倖、烈女、宦者、方伎、逆臣、叛臣、外國。 全書共一百三十五卷。	元・脫脫等奉敕撰。	起太祖收國元年，迄哀宗天興三年，合一百二十年。	
元		1.十四本紀——太祖、太宗、定宗、憲宗、世祖、成宗、武宗、仁宗、英宗、泰定帝	1.宋濂——字景濂，明浦江人。生於	起元太祖立，迄元順帝二十	本書係洪武二年，宋濂、王褘等奉敕撰。

史

、明宗、文宗、寧宗、順宗。

2. 十三志——天文、五行、歷、地理、河渠、禮、樂、祭祀、輿服、選舉、百官、食貨、兵、刑法。

3. 六表——后妃、宗室世系、諸王、公主、三公、宰相。

4. 列傳九十七卷——其中彙傳有：儒學、良吏、忠義、孝友、隱逸、列女、釋老、方技、宦者、姦臣、叛臣、逆臣、外國。

全書共二百一十卷。

元武帝至大三年，卒於明洪武十四年。明初太祖命授太子經，修元史，累轉至翰林學士。長孫愼坐法。學家謫茂州，道遇疾卒。謚文憲。

2. 王禕——字子充，明義烏人。生於元英宗至治元年，卒於洪武五年。太祖召授江南儒學提舉

八年，合九十三年。

新元史	
1.十五紀——序紀、太祖、太宗、定宗、憲宗、世祖、成宗、武宗、仁宗、英宗、泰定帝、明宗、文宗、寧宗、惠宗(即順帝)、昭宗。 2.五表——宗室世系、氏族、三公、宰相、行省宰相。 3.十三志——歷、天文、五行、地理、河渠、百官、選舉、食貨、禮、樂、輿服、兵、刑。 4.列傳一百五十四卷——其中彙傳有：循吏、忠義、儒林、文苑、篤行、隱逸、藝術	
柯劭忞——字鳳蓀，民國山東省膠州人，生於清宣宗道光三年，卒於民國十年前。清進士，以一人之力，歷時三十年，全書始成。日本人甚重視此書，東京帝大曾授以文學博士學位。	，後知南康府事。元史成，擢翰林待制，諡忠文。
起元太祖立，迄昭宗宣光八年，合一百年。	
是書之作，始自清季，完成於民初，卷頭仍題柯氏清代所居官銜，蓋仍以遺老自居。	

、釋老、列女、宦者，蠻夷、外國。全書共二百五十七卷。

明史

1.十六本紀——太祖、惠帝、成祖、仁宗、宣宗、英宗前紀、景帝、英宗後紀、憲宗、孝宗、武宗、世宗、穆宗、神宗、光宗、熹宗、莊烈帝。

2.十五志——天文、五行、曆、地理、禮、樂、儀衛、輿服、選舉、職官、食貨、河渠、兵、刑法、藝文。

3.五表——諸王、功臣、外戚、宰輔、七卿。

4.列傳二百二十卷——其中彙傳有：循吏、儒林、文苑、忠義、孝義、隱逸、方技、外戚、列女、宦官、閹黨、

張廷玉——字衡臣，一字現齋，清安徽桐城人。生於清康熙十一年，卒於乾隆二十年。雍正間官至保和殿大學士，累遷太保、軍機大臣等，卒謚文和。

起明太祖洪武元年，迄明莊烈崇禎十七年，合二百七十六年。

1.明史題清保和殿大學士張廷玉等奉敕撰。原總裁官爲華芳藹、張玉書，繼任者有湯斌、王鴻緒、陳廷敬、張英諸人。纂修者則有朱彝尊、毛奇齡、潘耒、施潤章、汪琬、尤侗、吳任臣、黃儀、萬言諸人。

2.或謂明史三百三十六卷，乃加目錄四 卷之故。

	佞倖、姦臣、流賊、土司、外國、西域。
	全書共三百三十二卷。

從上表來看，紀傳各史的體例，固然大體不出史記的範圍，可是也有些變例，不可不知。譬如：

一、有通史，如史記；有斷代史，如前漢書及其他各史。

二、有有表志的，如前漢書及其他各史；有全無表志的，如三國志。

三、有以平等地位撰寫別國史的，如北史，對魏、北齊、北周各朝，皆以帝紀記之。有不以平等地位撰寫別國史的，如魏書，魏書有「僭僞司馬叡」傳（指晉元帝），有「島夷桓玄」「島夷劉裕」「島夷簫道成、島夷蕭衍」等傳，傳中明指司馬叡僭大號于江南，對南朝各帝一律斥之爲「島夷」。這種例目顯存偏見，與史記無分華夷貴賤，一秉至公之旨相違。

四、特別是最值得討論的，是晉書的「載記」。這是用以記述五胡十六國史實的，非常不妥。載記之例史記所無，創自班固，後漢書班固傳稱：「固又撰功臣平林、新市、公孫述事，作列傳載記二十八篇奏之」。其後唐太宗勅修晉書敘十六國史時，援例也稱「載記」。按：載①乘也。書、益稷：「予乘四載」。傳：「所乘者四，水乘舟，陸乘車，泥乘輴，山乘樏」。②事也。詩、大雅：「上天之載，無聲無臭」。傳：「載，事也」。③始也。孟子：「湯始征自葛載」。④記載也。書・洛誥：「丕視功載」。注：「視群臣有功者記載之」。禮・曲禮：「士載言」。據此數義，班固或取記載之義。但是我認五胡十六國中，有十三國早已建號稱尊，而且分別控制了中原大片土地，且有遠及遼東和益州的，站在後世史家修史的立場，不能不承認他們是「國」。至少應該立「別國」一目，記述他們的歷史。較之「載記」一詞，例義更爲明顯。後世如有類乎這樣的史實，也應列入「別國」一目。這是本人異於前代史家主張之一。茲將五胡十六國的興滅及疆域，列一簡表如下，表中前涼、西涼、因對晉朝尚未失臣節，故晉書未列入載記。

族名	國名	疆域	年代	傳世	載紀或傳	備註
匈奴	前趙	冀、豫、山、陝各一部，都平陽（山西臨汾）長安。	25	劉淵、和、聰、粲、曜、熙	載紀三卷	初稱漢，後改趙，被後趙所滅。
	北涼	甘肅河西一帶，都張掖，姑臧（武威）。	43	沮渠氏（蒙遜，牧犍）	載紀一卷	爲北魏所滅。
	夏	陝西北部及河套，都統萬（陝西懷遠）	25	赫連氏（勃勃，昌、定）	載紀一卷	爲北魏所滅。
羯	後趙	中國北部之半，都襄國（河北刑台）及鄴（河南臨障）。	34	石氏（勒、弘、虎、閔、遵、鑒、祇）	載紀四卷	爲冉魏所滅。
鮮	前燕	熱河、朝陽、冀晉、豫	34	慕容氏（廆、皝	載紀	爲前秦所滅。

卑		晉及遼省。都熱河朝陽		、儁、暐）	四卷	
	後燕	冀、魯、豫、晉及遼省，都中山（河北定縣）	26	慕容氏（垂、寶、盛、熙、雲）	載紀二卷	爲北燕所滅。
	南燕	河南、山東各一部，都滑台（河南滑縣）廣固（山東益都）。	13	慕容氏（德、超）	載紀二卷	爲東晉所滅。
	西秦	甘肅西南部，都苑川，（甘肅靖遠）。	47	乞伏氏（國仁、乾歸、暮末）	載紀一卷	爲夏所滅。
	南涼	甘肅西南部，都西平（青海西寧）。	18	禿髮氏（烏孤、利鹿孤、傉檀利）	載紀一卷	爲西秦所滅。
	後蜀	四川省，都成都。	44	李氏（特、雄、班、期、壽、勢）	載紀二卷	爲東晉所滅。
				苻氏（洪、健、	載紀	爲後秦所滅。

氐	前秦	中國北部，都長安。	44	生、堅、丕、登、崇）	四卷	
	後涼	甘肅西北及新疆，都姑臧（武威）	15	呂氏（光、紹、纂）	載紀一卷	爲後秦所滅。
羌	後秦	陝西、河南各一部，都長安。	34	姚氏（萇、興、泓）	載紀四卷	爲東晉所滅。
漢	前涼	甘肅西北及新疆，都姑臧。	32	張氏（軌、駿、重華、祚、玄靚、天錫）	傳	爲前秦所滅。
	西涼	甘肅西北一帶，都敦煌。	22	李氏（暠、歆、恂）	傳	爲北涼所滅。
	北燕	冀北、熱河及遼寧，都龍城（熱河朝陽）。	28	馮氏（跋、弘）	載紀一卷	爲北魏所滅。

看過這一簡表，我們想想，其中有些國強大的如前秦符堅，如果不是淝水之

戰時，謝玄等僥倖的打了個勝仗，東晉能否延續，是一疑問。有這樣的條件，列之於別國一目，不應該嗎？或許有人會問，那麼班固何以有「載記」之設？我以爲平林新市公孫述等，第一、皆非光武臣屬，未可以「世家」處之。第二都尚未成大氣候，只是曇花一現，尚不夠「國」的條件，所以特立「載記」一目，以便安排。五胡則不同，第一、他們是異族，有些雖也曾是晉朝舊屬，可是也只是羈縻關係而已，談不到君臣。第二、他們多已先後建國，與晉朝成對抗之勢，事實上是敵國。所以既不容納入「世家」，列於「載記」又頗不妥，我認特立「別國」一目以處之，可謂名實相符。我這主張並不是標奇立異。

五、前人評論史記的，譽之者多，貶之者少，貶者以班固為巨擘。

他說：「又其是非頗繆於聖人，論大道則先黃老而後六經，序游俠則退處士而進姦雄，述貨殖則崇勢利而羞貧賤，此其所蔽也」。班固生當東漢崇尚儒學時代，如此持論，或未可厚非。實際太史公則目光如炬，識見誇越列代，論大道不限一家，而以黃老爲首；修史則無分成敗貴賤，傳其所長。此種胸襟，自非班固所可及。故曾國藩有言：「班氏閎識孤懷，不逮子長遠甚」。（見聖哲畫像記）所見正復相同。

六、**有一點正不可解，就是史記未為臯陶、伊尹、傅說等立傳，而以伯夷為列傳之首**。衡諸自周以後歷朝賢相功臣，或則列之世家，或則入之列傳，而獨置此功業顯赫的數人無傳，此則與史公自創的體例相違。

以上是我對國史的體例的一些意見。

四、國史的書法

談到書法，這是修史必備的第一等大事。要在直書其事，褒善貶惡，不必忌諱，這才是良史。昔孔子修春秋，旨在貶天子，退諸侯，討大夫，善善惡惡，使亂臣賊子懼。後世史家，無論是編年，或紀傳，都奉之爲圭臬，評論史家的良否，也多以此爲斷。像齊太史，像晉董狐，都是著名的直筆而不畏死的良史。

書法紀年，歷來多以帝王年號紀之。漢孝武建元以前無年號，則以帝王謚號紀之。再早則以帝王的名或氏及干支推而紀之。書法紀事，各史多立有例。編年如左傳，有發凡五十則。通鑑有凡例三十六則（爲溫公之曾孫伋所輯），朱子通鑑綱目，其例有十九類，甚詳。紀傳如史記、如新五代史，其書法散見各紀傳中，同一用兵也，而「征」「討」「攻」「伐」之義有別；同一得地也，而「取」「克」「略」之義有別；同一歸順也，而「降」「附」「歸」之義有別；同一反叛也，而「叛」「反」「變」之義有別。歐史書法更為嚴謹，乃沿春秋書法義例，一字之褒，榮於華衮，一字之貶，嚴如斧鉞。惟各史辭例衆多，不便備舉，茲僅舉「通鑑凡例」及「通鑑綱目征伐例」如下，以概其餘。

【通鑑凡例】　用天子例　周、秦、漢、晉、隋、唐，皆嘗混一九州，傳祚於後，子孫雖微弱播遷，四方皆其故臣，故全用天子之禮以臨之。帝后稱崩，王公稱薨。　書列國例　三國、南北、五代，與諸國本非君臣，從列國之例，帝后稱殂，王公稱卒。秦、隋未併天下時，亦依列國之例。（此兩條已見論正統文中）　書帝王未即位及受禪例　帝王未即位皆名，自贊拜不名以後不書名。　書稱號例　天子近出稱還宮，遠出稱還京師，列國曰還某郡。　凡新君即位必曰某宗，後皆曰上。　太上皇止稱上皇，上太上皇太后號曰尊，（尊為太上皇太后之類），皇后太子曰立，改封曰徙，公侯有國邑曰封，無曰賜爵。　列國非臣下之言不稱乘輿、車駕、行在、京師、天子、及崩、臣下所稱仍其舊文。　書官名例　節度使赴鎮曰為，使相曰充，遙授曰領。　凡官名可省者，不必備書。公相以善去曰罷，以罪去曰免。　書事同日例。　兩國事同日不可中斷者，以日先序一國事已，更以其日起之，如齊建武元年十月辛亥魏主發平城云云。辛亥太后廢帝爲海陵王云云。　書兩國相涉例。　凡兩國事相涉則稱某主，兩君相涉則稱謚號，不相涉而事首已見，則稱上稱帝。　書斬獲例。　凡戰僞走而設伏斬之曰斬首。

斬首千餘級千級以下不書，獲輜重兵械雜畜非極多不書。　書復姓例。　宋永初三年長孫嵩實姓拓跋，時魏之群臣出於代北者皆複姓，孝文遷洛改爲單姓，史患其煩，悉從後姓。　書字例。　凡以字行者始則曰名某字某以字行及小字可知者，不復重述，難知者乃述之。　書反亂例。　凡誅得諐（諐音愆）曰有罪，逆上曰反，爭疆曰亂。

【綱目征伐例】　凡正統自下逆上曰反，有謀未發者曰謀，反兵向闕者曰舉兵犯闕。　凡調兵曰發，集兵曰募，整兵曰勒，行定曰徇，行取曰略，肆掠曰侵，掩其不備曰襲，同欲曰同，合勢曰連，兵並進曰合，兵在遠而附之曰應，相接曰迎，服屬曰從，益其勢曰助，援其急曰救，開其圍曰解，交兵曰戰，尾其後曰追，環其城曰圍。凡勝之易者曰敗某師平之，難者曰捕斬之，舍此之彼曰叛，曰降於某，附於某。犯城邑寇得曰陷，居曰據。凡僭名號曰稱，（周列國稱王稱帝，漢以後僭國篡賊稱皇帝，盜賊稱帝稱天子之類）　人微事小曰作亂，人微衆少曰盜，衆多曰群盜。　犯順曰寇。凡中國有主，則夷狄曰入寇，或曰寇某郡，事小曰擾某處，中國無主則但云入邊，或云入塞，或云入某郡殺掠吏民。　凡正統天子親將兵曰帝自將，遣將則曰遣某官某將兵。大將兼統諸軍則曰率幾將軍，或云督諸軍，或云護諸將。　將卑師少無大勝負，則但云遣兵。　不遣兵而州郡自討，則云州郡或云州兵或云郡兵。置守令平盜賊曰以某人爲某云云。（如漢成帝河平二年西夷相攻，以陳立爲牂牁太守討平之。及後漢以虞詡爲朝歌長之類）。　凡正統用兵於臣子之僭叛者，曰征、曰討。於夷狄若非其臣子者曰伐、曰攻、曰擊。其應兵曰備、曰禦、曰拒，皆因其本文。　凡人舉兵討篡逆之賊，皆曰討。　凡戰不地，屢戰則地，極遠則地。　凡書敵於敵國曰滅之，於亂賊曰平之，敵國亂賊歲久地廣屢戰而後定，則結之曰某地悉定，或曰某地平。　凡得其罪人者於臣子曰誅，於夷狄若非臣子者曰斬、曰殺。 凡執其君長將師，曰執、曰虜、曰禽、曰獲、曰得，皆從其本文。凡阬斬非多不書、取地非多且要不書。 凡師入曰還，全勝而歸曰振旅，小敗曰不利，彼爲主曰不克，大敗曰大敗，或曰敗績，將帥死節曰死之。凡人討逆賊而敗者亦曰不克，死曰死之。（劉崇翟義之類）。其破滅者亦以自敗爲文。（三輔兵皆破滅之類）。 凡非正統而相攻，先發者不曰寇陷，後應者不曰征討，其他皆從本文。惟治其臣子之叛亂者書討，討而殺之曰誅。

看過以上兩表，可知古人修史，書法極其重要，未可率爾下筆。研究國史的書法，最令人不解的，是以帝王的廟號書之國史，代表帝位。譬如：唐「太宗」、明「太祖」是。按建國有國號，如「漢」、「唐」是。即位有年號，如「建武」（漢光武年號），「永樂」（明成祖年號）是。帝王崩逝後有謚號，如晉「武帝」，隋「文帝」是。唐「太宗」和明「太祖」，那只是李氏家族和朱氏家族的廟號，以一家族的廟號書之國史，代表帝位，實在不妥。可見古代家國不分，每一皇朝都把國視如自己的家，所以才有以廟號冠在謚法上的所謂尊號。因此黃梨洲曾感慨地說：「後之爲人君者不然。」……視天下爲莫大之產業，傳之子孫，受享無窮。漢高帝所謂『某業所就，孰與仲多者，其逐利之情，不覺溢之於辭矣』。（見明夷待訪錄中原君篇）我以爲歷代史官，與其書「唐太宗文皇帝」，不如將其中的「太宗」二字删去，留下「唐文皇帝」數字，表示帝位。與其書「明太祖高皇帝」不如將其中「太祖」二字删去，留下「明高皇帝」數字，表示帝位。這樣堂堂正正，不更合理嗎？這是本人異於前代史家的主張之二，這主張也非標奇立異，實在應爾。（按：漢書音義釋漢高祖本紀曰：「謚法無高，以爲功最高而爲漢帝之太祖，故特起名焉」——後世稱高皇帝者，應同此）。

於此我要附帶一提，從謚法上大致可以看出歷代帝王的賢庸或事功，當然也有名實不符的。謚法究竟有何特殊意義？茲附「謚法解」一表如下，以供研究。

謚法解

惟周公旦、太公望、開嗣王業，建功于牧野。終將葬，乃制謚，遂敘謚法。謚者行之迹，號者功之表。（古者有大功則賜之善號以爲稱也）車服者位之章也。是以大行受大名，細行受細名。行出於己，名生於人。名謂號謚

民無能名曰神。不名一善

一德不懈曰簡。一不委曲

靖民則法曰皇。靖安

平易不訾曰簡。不信訾毀

德象天地曰帝。同於天帝

尊賢貴義曰恭。尊事賢人寵貴義士

仁義所往曰王。民往歸之

敬事供上曰恭。供奉也

立志及眾曰公。志無私也

尊賢敬讓曰恭。敬有德讓有功

執應八方曰侯。所執行八方應之

既過能改曰恭。言自知

賞慶刑威曰君。能行四者

執事堅固曰恭。守正不移

從之成群曰君。民從之

愛民長弟曰恭。順長接弟

揚善賦簡曰聖。所稱得人所善得實所賦得簡

執禮御賓曰恭。迎待賓也

敬賓厚禮曰聖。厚於禮

芘親之闕曰恭。脩德以益之

照臨四方曰明。以明照之

尊賢讓善曰恭。不專己善推於人

譖訴不行曰明。逆知之故不行

威儀悉備曰欽。威則可畏儀則可象

經緯天地曰文。成其道

大慮靜民曰定。思樹惠

道德博聞曰文。無不知

純行不爽曰定。行一不傷

學勤好問曰文。不恥下問

安民大慮曰定。以慮安民

慈惠愛民曰文。惠以成政

安民法古曰定。不失舊意

愍民惠禮曰文。惠而有禮

辟地有德曰襄。取之以義

賜民爵位曰文。與同升

甲胄有勞曰襄。亟征伐

綏柔士民曰德。安民以居安士以事

小心畏忌曰僖。思所當忌

剛彊直理曰武。剛無欲強不屈懷忠恕正曲直

質淵受諫曰釐。深故能愛

諫爭不威曰德。不以威拒諫

有罰而還曰釐。知難而退

威彊敵德曰武。與有德者敵

溫柔賢善曰懿。性純淑

克定禍亂曰武。以兵往故能定

心能制義曰度。制事得宜

刑民克服曰武。法以正民能後服

聰明叡哲曰獻。有通知之聰

夸志多窮曰武。大志行兵多所窮極

知質有聖曰獻。有所通而無蔽

安民立政曰成。安定

五宗安之曰孝。五世之宗

淵源流通曰康。性無忌

慈惠愛親曰孝。（周愛族親）

溫柔好樂曰康。（好豐年勤民事）

秉德不回曰孝。（順於德而不違）

安樂撫民曰康。（無四方之虞）

協時肇厚曰孝。（協合肇始）

合民安樂曰康。（富而教之）

執心克莊曰齊。（能自嚴）

布德執義曰穆。（故穆穆）

資輔就共曰齊。（資輔佐而共成）

中情見貌曰穆。（性公露）

甄心動懼曰頃。（甄精）

容儀恭美曰昭。（有儀可象行恭可美）

敏以敬慎曰頃。（疾於所慎敬）

昭德有勞曰昭。（能勞謹）

柔德安眾曰靖。成眾使安
聖聞周達曰昭。聖聖通合
恭己鮮言曰靖。恭己正身少言而中
治而無眚曰平。無災罪也
寬樂令終曰靖。性寬樂義以善自終
執事有制曰平。不在意
威德剛武曰圉。禦亂患
布綱治紀曰平。施之政事
彌年壽考曰胡。久也
由義而濟曰景。用義而成
保民耆艾曰胡。六十曰耆七十曰艾
耆意大慮曰景。耆強也
布義行剛曰景。以剛行義
追補前過曰剛。勤善以補過

清白守節曰貞。行清白執志固

猛以剛果曰威。猛則少寬果敢行

大慮克就曰貞。能大慮非正而何

猛以彊果曰威。強甚於剛

不隱無屈曰貞。恆然無私

彊義執正曰威。問正言無私

辟土服遠曰桓。以武正定

治典不殺曰祁。秉常不衰

克敬動民曰桓。敬以使之

大慮行節曰孝。言成其節

辟土兼國曰桓。兼人故啓土

治民克盡曰使。克盡無恩惠

能思辯眾曰元。別之使各有次

好和不爭曰安。生而少斷

行義說民曰元。民說其義

道德純一曰思。道大而德一

始建國都曰元。非善之長何以始之

大省兆民曰思。大親民而不殺

主義行德曰元。以義爲主行德政

外內思索曰思。言求善

聖善周聞曰宣。聞謂所聞善事也

追悔前過曰思。思而能改

兵甲亟作曰莊。以數征爲嚴

行見中外曰慤。表裏

叡圉克服曰莊。通邊圉使能服

狀古述今曰譽。立言之稱

勝敵志強曰莊。不撓故勝

昭功寧民曰商。明有功者

死於原野曰莊。非嚴何以死難

克殺秉政曰夷。秉政不任賢

屢征殺伐曰莊。以嚴釐之

安心好靜曰夷。不爽政

武而不遂曰莊。武功不成

執義揚善曰德。稱人之善

柔質慈民曰惠。知其性

慈仁短折曰懷。短未六十折未三十

愛民好與曰惠。具謂施

述義不克曰丁。不能成義

夙夜警戒曰敬。敬身急成

有功安民曰烈。以武立功

秉德尊業曰烈。

合善典法曰敬。非敬何以善之

剛克爲伐曰翼。伐功也

剛德克就曰肅。成其敬使爲終

思慮深遠曰翼。小心翼翼

執心決斷曰肅。言嚴果

外內貞復曰白。正而復始終一

不生其國曰聲。生於外家

不勤成名曰靈。任本性不見賢思齊

未家短折曰傷。未家未娶

死而志成曰靈。志事不忝命

愛民好治曰戴。好民治

死見神能曰靈。有鬼不爲厲

典禮不愆曰戴。無過

亂而不損曰靈。不能以治損亂

短折不成曰殤。有知而夭殤

好祭鬼怪曰靈。瀆鬼神不致遠

隱拂不成曰隱。不以隱括改其性

極知鬼神曰靈。其智能聽徹

不顯尸國曰隱。以問主國

見美堅長曰隱。美過其令

殺戮無辜曰厲。

官人應實曰知。能官人

愎佷遂過曰刺。去諫曰愎反是曰佷

肆行勞祀曰悼。放心勞於淫祀言不脩德

不思忘愛曰刺。忘其愛己者

年中早夭曰悼。年不稱志

蚤孤短折曰哀。蚤未知人事

恐懼從處曰悼。從處言險圮

恭仁短折曰哀。體恭質仁功未施

凶年無穀曰荒。不務耕稼

好變動民曰躁。數移徙

外內從亂曰荒。家不治官不治

不悔前過曰戾。知而不改

好樂怠政曰荒。淫於聲樂怠於政事

怙威肆行曰醜。肆意行威

在國遭憂曰愍。仍多大變

壅遏不通曰幽。弱損不凌

在國逢傿曰愍。兵寇之事

蚤孤鋪位曰幽。鋪位即位而卒

禍亂方作曰愍。國無政動長亂

動祭亂常曰幽。易神之班

使民悲傷曰愍。苛政賊害

柔質愛諫曰慧。以虛受人

貞心大度曰匡。心正而用察少

名實不爽曰質。不爽言相應

德正應和曰莫。正其德應其和

溫良好樂曰良。言其人可好可樂

施勤無私曰類。無私唯義所在

慈和徧服曰順。能使人皆服其慈和

思慮果遠曰明。自任多近於專

博文多能曰憲。雖多能不致於大道

嗇於賜與曰愛。言貪悋

滿志多窮曰惑。自足者必不惑

危身奉上曰忠。險不辭難

思慮不爽曰厚。不差所思而得

克威捷行曰魏。有威而敏行

好內遠禮曰煬。朋淫於家不奉禮

克威惠禮曰魏。雖威不逆禮

去禮遠眾曰煬。不率禮不親長

教誨不倦曰長。以道教之

內外賓服曰正。言以正服之

肇敏行成曰直。始疾行成言不深

彰義揜過曰堅。明義以蓋前過

疏遠繼位曰紹。非其第過得之

華言無實曰夸。恢誕

好廉自克曰節。自勝其情欲

逆天虐民曰抗。背尊大而逆之

好更改舊曰易。變故改常

名與實爽曰繆。言名美而實傷

愛民在刑曰克。道之以政齊之以刑

擇善而從曰比。比方善而從之

除殘去虐曰湯。

隱哀也，景武也，施德爲文，除惡爲武，辟地爲襄，服遠爲桓，剛克爲僖，施而不成爲宣，惠無內德爲平，亂而不損爲靈，由義而濟爲景，餘皆象也。以其所爲諡象其事行和會也，勤勞也，尊脩也，爽傷也，肇始也，怙恃也，享祀也，胡大也，乘順也，就會也，錫與也，典常也，肆放也，康虛也，叡聖也，惠愛也，綏安也，堅長也，耆彊也，考成也，周至也，懷思也，武法也，布施也，敏疾也，速也，載事彌文以前，周書謚法，周代君王，並取作謚。故全寫一篇，以傳後學。

五、國史的統緒

現在試論國史的統緒。所謂統緒，是指從古以來那些朝代得天下以正，那些朝代得天下不以正，得天下以正的朝代，後人稱之爲正統，得天下以不正的朝代，後人不承認其爲正統。這個統字，寓有高度的褒貶意義在內，比書法的寓意更重要，更嚴肅。

歷來的正統論者，說法不一。㈠有的主張以傳承至公的政權爲正統，㈡有的主張以和平方式取得的政權爲正統，㈢有的主張以控制了中夏全部版圖的政權爲正統，聚訟不一。特別在亂世，爭論更多。如依①以傳承至公的政權爲正統，何謂至公？當然只有堯舜禪讓才算至公。如依②以和平方式取得的政權爲正統，何謂和平？歷代凡是篡竊的朝代，表面上都演過一番和平禪讓的把戲。如依③以控制了中夏全部版圖的政權爲正統，何謂全部？這便要看某一朝代當時應承接的版圖，究竟應有多大。比如漢承秦統，應實際控制了秦代所有的土地。所以由第一說來看，歷代除了堯舜以外，再無正統。由第二說來看，唐虞之後，只有夏、商、周、秦、漢、唐、明爲正統，晉隋都以篡奪，趙宋則以巧取，皆非正統。由第三說來看，也只有唐、虞、夏、商、周、秦、漢、隋、唐、明爲正統，晉遭五胡分割，宋困於遼金元削弱，至於宋齊梁陳及五代各朝，或則蹙居偏安，或則取之篡竊，皆非正統。三國鼎立，論者紛歧，朱子綱目特以蜀漢爲正統，溫公通鑑雖然避不言統，但辭義所指，有不得不以曹魏紀年立論的苦衷。茲抄司馬溫公資治通鑑論贊中論正統與列國一文如下：

臣光曰：天生烝民，其勢不能自治，必相與戴君以治之。苟能禁暴除害，以保全其生，賞善罰惡，使不至於亂，斯可謂之君矣。是以三代之前，海內諸侯，何啻萬國，有民人社稷者，通謂之君。合萬國而君之，立法度，班號令，而天下莫敢違者，乃謂之王。王德既衰，疆大之國，能帥諸侯以尊天子者，則謂之霸。故自古天下無道，諸侯力爭，或曠世無王者，固亦多矣。秦焚書坑儒，漢興學者始推五德生勝以秦爲閏位，在木火之間，霸而不王，於是正閏之論興矣。及漢室顛覆，三國鼎跱，晉氏失馭，五胡雲擾，宋魏以降，南北分治，各有國史，互相排黜，南謂北爲索虜，北謂南爲島夷，朱氏代唐，四方幅裂，朱邪入汴，比之窮新，運歷年紀，皆棄而不數，此皆私已之偏辭，非大公之通論也。臣愚誠不足以識前代之正閏，竊以爲苟不能使九州合爲一統，皆有天子之名，而無其實者也。雖華夏仁暴，大小強弱，或時不同，要皆與古之列國無異，豈得獨尊獎一國，謂之正統，而其餘皆爲僭僞哉？若以自上相授受者爲正邪，則陳氏何所受？拓拔氏何所受？若以居中夏者爲正邪，則劉石慕容符姚赫連所得之土，皆五帝三王之舊都也。若以有道德者爲正邪，則蕞爾之國，亦有令主，三代之季，豈無僻王？是以正閏之論，自古及今未有能通其義，確然使人不可移奪者也。臣今所述，止欲敘國家之興衰，著生民之休戚，使觀者自擇其善惡得失，以爲勸戒。非若春秋立褒貶之法，撥亂世反諸正也。正閏之際，非所敢知。但據其功業之實而言之，周、秦、漢、晉、隋、唐、皆嘗混壹九州，傳祚於後，子孫雖微弱播遷，猶承祖宗之業，有紹復之望，四方與之爭衡者，皆其故臣也。故全用天子之制以臨之。其餘地醜德齊，莫能相壹，名號不異，本非君臣者，皆以列國之制處之。彼此均敵，無所抑揚，庶幾不誣事實，近於至公。然天下離析之際，不可無歲時月日以識事之先後，據漢傳於魏而晉受之，晉傳於宋，以至於陳，而隋取之，唐傳於梁，以至於周，而大宋承之。故不得不取魏、宋、齊、梁、陳、後梁、後唐、後晉、後漢、後周、年號，以紀諸國之事。非尊此而卑彼，有正閏之辨也。昭烈之於漢，雖云中山靖王之後，而族屬疏遠，不能紀其世數名位。亦猶宋高祖稱楚元王後，南唐烈祖稱吳王恪後，是非難辨，故不敢以光武及晉元帝爲比，使得紹漢氏之遺統也。

讀過這一段論贊，可以看出溫公的看法。第一、他不願談統，因爲從古以來，這個統無法定一標準。第二、他所以重曹魏和宋、齊、梁、陳、及後梁、後唐、後晉、後漢、後周，完全是爲了紀年，否則前後無從承接。這正是溫公的苦衷，不得不爾。何故？第一、如果論統，則趙宋以巧取得天下，又爲異族所逼，未能恢復漢唐時代的疆土，當然不夠正統。第二，如果不從曹魏和宋、齊、梁、陳、及後梁、後唐、後晉、後漢、後周、紀年，如何能由趙宋承接下來？溫公爲宋臣，自然只有如此立論。其實，正統之論雖然史家爭論不一，由於這是個大問題，總不能不求一解決。我自己研究，現在試擬一標準，就是：凡以光明正大的手段取得天下，又能安民圖治，且已實際控制了中夏的版圖者，都可承認其爲正統。禪讓也可，力取也可，唯獨不取鬼鬼祟祟，以陰謀險詐的技倆奪取來的政權。至於紀年，這更是國史上令人不解的一大問題。自漢武建元迄清宣統，二千餘年間，帝王的年號有三百一十七個之多，頭緒紛繁，達於極點。致後人一時難以計算從古迄今的年數，使人眼花燎亂，不勝其煩。與其如此，史家不如定一建元標準。如何定法？我試提一方法，即從黃帝始，定爲「中華元年」，不分朝代，依次一直排下，旁列歷代年號以便對照。三國時代，則以蜀、魏、吳年代並列；宋、齊、梁、陳時，則附北朝各國年代，先後並列；五代時，則依後梁、後唐、後晉、後漢、後周年代，先後並列。並於後梁、後晉兩朝代上，各加一「僞」字，以其一則無惡不做，不齒於人類；一則媚敵割地，恧顏稱兒，均在擯棄之列。一直排列到今，旁以民國年代並列，雖再歷千萬年，亦復如此。這個辦法，既可瞭然從古迄今已歷若干年，又可對照得知某朝某君某年，正當黃帝建元後若干年，兩種年代一索即得，較之時賢動輒引用西元，曰紀元前，或紀元後，不更簡便嗎？而且以一五千餘年的泱泱大國，竟無一從古迄今的統一紀年的指標，豈非恥辱？這是本人異於前代史家主張之三，這主張也非標奇立異，實在應爾。

六、結　論

綜上所述，本人析論國史的體例、書法、及統緒各章，均只述其大者，未及瑣細。目的只是研究性質，提出自己的見解，以就教於當代史學家。至於前人已提過的高見，略而不論，當然也不願引用過多不必要的資料。本人才疏學淺，寫法容或不符時下務求其字數多，篇幅長的風氣，惟自信這是經過歷年細心的研究、考慮、而得出的結論。仁者見仁，智者見智，也許有不對的地方，但是，這對或不對，都是自己的。我國史藉浩如瀚海，可鑽研的問題，幾乎數不勝數。本人所論只是其中的幾個重要問題，看法只是粗枝大葉，這一小書，也只是這幾個重要問題中的提綱，至於其詳，容俟續論。

主要參考書

四庫全書總目題要史部
二十四史備要
春秋（孔子）
左傳（左丘明）
資治通鑑（司馬光）
通鑑綱目（朱熹）
史通（劉知幾）
文史通義（章實齋）
二十五史述要（世界書局）
國史要義（柳詒徵）

中國通史綱要（繆鳳林）
中國歷史研究法（梁啓超）
中國史學史（金毓黻）
史學研究法（姚永樸）
通史敘例（陳鼎忠）
中國歷史研究法（何炳松）
二十二史劄記（趙翼）
東塾讀書記（陳澧）
日知錄（顧炎武）
困學紀聞（王應麟）

附表

一、歷代系統與史書關係表

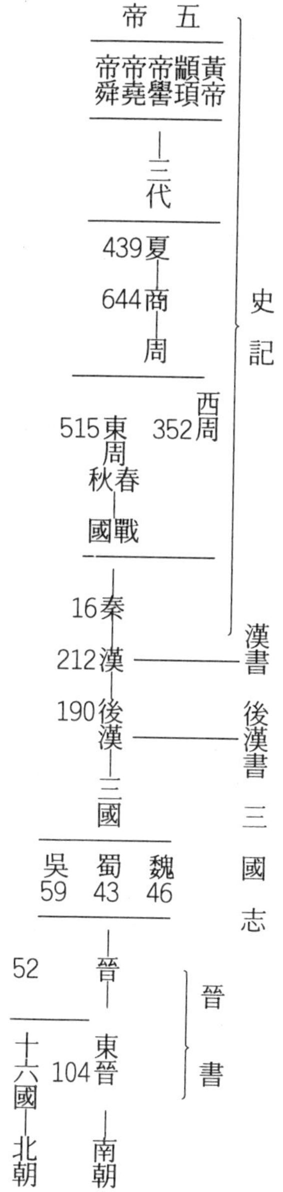

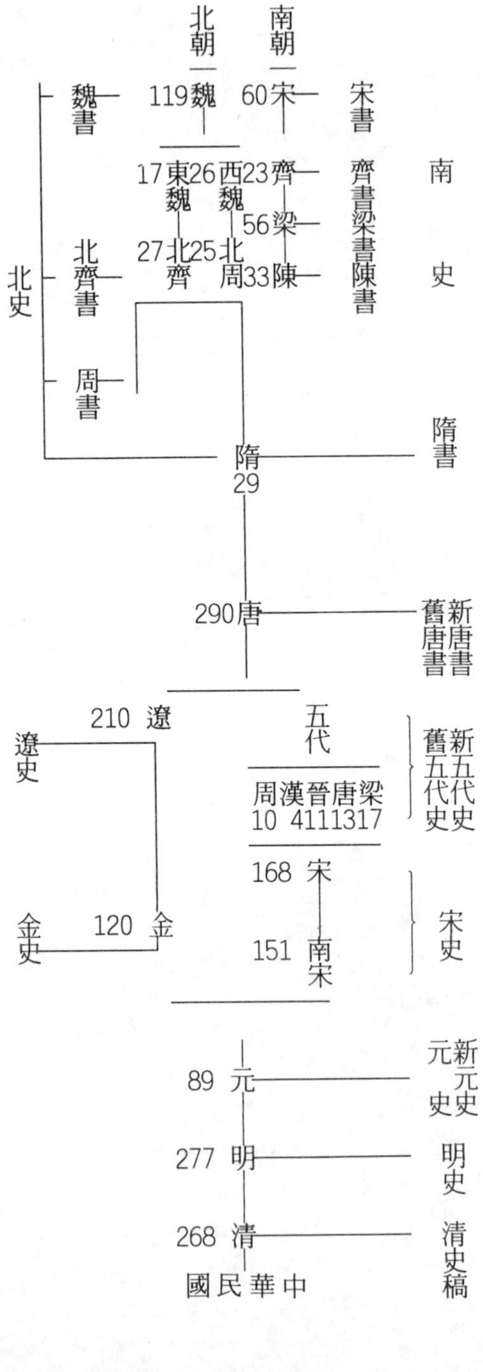

附表㈠至㈦各表，均錄自「二十五史述要」（世界書局印行）而由啓略爲訂正。

說明

中國古史年代，傳說各異，《崔述補上古考信錄云》：『夫《尙書》但始於唐、虞及司馬遷《史記》乃起於黃帝，譙周皇甫謐又推之於伏羲，而徐整以後睹家，遂上溯於開闢之初，豈非其識愈下，而稱引愈遠，其世愈後，則其傳聞愈繁乎。』《史記》雖託始於黃帝，但《五帝本紀》則云：『學者多稱五帝尙矣，而《尙書》獨載堯以來，百家言黃帝，其言不雅馴，縉紳先生難言之。』言不雅馴之論，可見馬遷態度嚴謹，亦疑以傳疑，信以傳信之旨。故遷於三代，但作《世表》，而不詳考其年，紀年則起於《十二諸侯年表》，第一年爲西周之共和元年（西元前八四二）下距今民國八十三年爲二千八百三十六年，共和後一百二十年，爲魯隱公元年，亦即《春秋》託始之年，時爲周平王四十九年（西元前七二二）自後每年有日月可詳，爲二千六百六十七年。故就現在史籍，以考中國歷史之年，自黃帝以來，有年可稽，約四千六七百年，周共和行政以下，按年明白可譜，《春秋》隱公元年以下，每年並有日月可詳。但自共和以前，闕於五帝紀年，聚訟極多，由五帝以上，更無定說。三代之年，則較爲確實可考。聞近人由甲骨文研究殷商歷，頗有成就，果爾則中國古史之確實年代，又可上溯矣！

【註】 各朝代下註之數字爲享國之年

二、廿五史修撰表

書名	修撰人	官修或私撰	成書時間	書中起訖年代	備註
史記	漢司馬遷	以史官職私撰	前後凡十八年，加以書成後訂刊削，約二十餘年。	太古至漢武帝元狩二年，即太古至公元前一二二年。	
前漢書	後漢班固	以史官職私撰	自永平中始受詔，至建中初爲二十餘年，八表及天文志尚未完成。	漢高祖即位，至更始二年。（206B.C.—24A.D）	

後漢書	宋范曄	私撰	成書年代無考。	漢光武建武元年，至獻帝延康元年。（二五—二二〇）	
三國志	晉陳壽	私撰	始於武帝太康中，迄惠帝元康七年病卒，凡二十年。壽撰是書至少當在十年以上。	魏黃初元年，至晉武帝太康元年。（二二〇—二八〇）	
晉書	唐房元齡等	官撰	貞觀十八年奉敕撰	晉武帝太始元年，至恭帝元熙元年。（二六五—四一九）	
宋書	梁沈約	奉敕私撰	始於齊武帝永明五年春，至六年二月，紀傳畢功，僅及一年。	宋武帝永初元年，至順帝昇平二年。（四二〇—四七九）	
南齊書	梁蕭子顯	私撰	成書年代無考。	齊高祖建元元年至和帝中興元年。（四七九—五〇二）	
			思廉承藉家學，貞觀二年，先已編纂，及詔入秘書	梁武帝天監元年，至梁敬帝太平元年。	

梁書	康姚思廉	奉敕私撰	省論撰之後，又越七年。計歷三世，傳父子，前後凡三十餘年。	（五〇二—五五七）	
陳書	唐姚思廉	奉敕私撰	武德五年，受詔爲陳書，貞觀三年，編撰於秘書內省，十年正月上之，前後凡歷十五年。	陳武帝永定元年至後主禎明三年。（五五七—五八九）	
魏書	北齊魏收	奉敕私撰	文宣帝天保二年詔修，五年三月奏上之，十一月復奏十志。	魏道武德國元年至東魏孝靜帝止。（三八六—五五〇）	
北齊書	唐李百藥	奉敕私撰	貞觀元年受詔撰，閱十年成。	北齊文宣帝元年，至北齊之亡。（五五〇—五七七）	
周書	唐令狐德棻	奉敕私撰	唐初各正史之修撰，其議自德棻發之，獨主領周書，十年史成。	周孝閔帝元年，至靜帝大定元年。（五五七—五八一）	
南史	唐李延壽	私撰	延壽繼父志，撰《南北史》前後凡歷十七年而後成。	宋武帝永初元年，至隋文帝開皇九年。（四二〇—五八九）	

北史	唐李延壽	私撰		魏道武元年，至隋恭帝義寧元年。（三八六—六一八）	
隋書	唐魏徵等	官修	貞觀三年魏徵等奉敕撰，貞觀十年修成。	隋文帝開皇元年至隋恭帝義寧元年。（五八九—六一八）	
舊唐書	後晉劉昫	官修	高祖天福五年始修，至出帝開運二年成書，凡十一年。	唐高祖武德元年，至梁太祖開平元年。（六一八—九〇六）	
新唐書	宋 歐陽修 宋 祁	官督私修	宋仁宗以《舊書》卑弱，淺陋，命歐宋重修，曾公亮提舉其事，十七年成書		
舊五代史	宋薛居正	官修	開寶六年四月詔修，七年閏十月書成。	梁太祖開平元年，至周恭帝顯德六年。（九〇七—九六〇）	
新五代史	宋歐陽修	私撰	此爲歐私撰，集畢生精力爲之，修沒後，朝廷詔，表上之。		

宋　史	元托克托等	官　修	起自至正三年三月，迄五年十月。	宋太祖建隆元年，至元世祖至元十六年。（九六〇—一二七九）
遼　史	元托克托等	官　修	起自至正三年四月，迄四年一月。	遼太祖神冊元年，至天祚帝保大五年。（九一六—一一二五）
金　史	元托克托等	官　修	起自至正三年三月，迄四年十一月。	金太祖收國元年，至哀宗天興三年。（一一一五—一二三四年）
元　史	明宋濂等	官　修	二次設局修史，爲時僅三百七十餘日，古今成史之速，未有如《元史》者。	始元太祖立，至元順帝二十八年。（一二七九—一三六八年）
新元史	民國柯劭忞	私　撰	修三十載始成書。	
			始自康熙十七年迄乾隆初	明太祖洪武元年，至

明史	清張廷玉等	官修	進呈，前後凡閱六十年，古來前史，未有如此日久功深。	明莊烈十七年。（一三六八—一六四四）	

三、廿五史例目表

史名	例目：帝紀	例目：年表	例目：書志	例目：世家	例目：列傳	總卷數	備註
史記	12	10	8	30	70	130	
前漢書	12	8	10		70	100	
後漢書	10		30		80	130	內帝后紀分十二卷，世傳分爲八十八卷，志卅卷，共爲一百卌卷。
三國志	4				61	65	
晉書	10		20	30	70	130	
宋書	10		30		60	100	

南齊書	8		11		40	59	
梁書	6				50	56	
陳書	6				30	36	
魏書	12		10		92	130	帝祀爲卷十四，志廿卷，列傳九十六，共一百三十卷。
北齊書	8				42	50	
周書	8				42	50	
隋書	5		30		50	85	
南史	10				70	80	
北史	12				88	100	
舊唐書	20		11		150	200	
新唐書	10	15	50		150	225	
舊五代史	61		12		77	150	
新五代史	12		3	10	45	74	例目尚有十國世家年譜一卷，四夷附錄三卷。

宋史	47	32	162		255	496	
遼史	30	8	32		45	116	例目尚有〈國語解〉一卷。
金史	19	4	39		73	135	
元史	47	8	58		97	210	
新元史	26	7	70		151	257	
明史	24	13	75		220	352	

四、廿五史帝紀表

史名	帝紀名	備註
史記	(1)五帝本紀 (2)夏本紀 (3)殷本紀 (4)周本紀 (5)秦本紀 (6)始皇本紀 (7)項羽本紀 (8)高帝本紀 (9)呂太后本紀 (10)孝文本紀 (11)孝景本紀 (12)今上本紀	因女主臨朝而立《呂后本紀》，此例始於《史記》。
漢書	(1)高祖紀 (2)惠帝紀 (3)高后紀 (4)文帝紀 (5)景帝紀 (6)武帝紀 (7)昭帝紀 (8)宣帝紀 (9)元帝紀 (10)成帝紀 (11)哀帝紀 (12)平帝紀	《高后紀》記臨朝八年大政，其日常行事，別見《外戚傳，與《史記》之同

		載一篇例微不同。
後漢書	(1)光武帝紀　(2)明帝紀　(3)章帝紀　(4)和帝紀　殤帝　(5)安帝紀　(6)順帝紀　冲帝附　質帝附　(7)桓帝紀　(8)靈帝紀　(9)獻帝紀　(10)皇后紀	皇后有紀，范氏因華嶠《後漢書》之例而作。
三國志	(1)武帝（操）　(2)文帝（丕）　(3)明帝（叡）　(4)齊王（芳）　高貴鄉公　髦　陳留王（奐）	篇目於曹魏諸帝下，雖不注紀字，而篇中則分別紀傳甚明。
晉書	(1)宣帝紀　(2)景帝文帝紀　(3)武帝紀　(4)惠帝紀　(5)懷帝愍帝紀　(6)元帝明帝紀　(7)成帝康帝紀　(8)穆帝哀帝紀　廢帝海西公　(9)簡文帝孝武帝紀　(10)安帝恭帝紀	列司馬懿及師昭爲《帝紀》第一，第二，實濫觴於《周本紀》之始自后稷、劉知幾曾譏《史紀》之失，謂位終北面，一概人臣追加大號，止入傳限。
宋書	武帝紀 上中下 三卷　少帝紀一卷　文帝紀一卷　孝武帝紀一卷　前廢帝紀一卷　明帝紀一卷　後廢帝紀一卷　順帝紀一卷	
南齊書	高帝紀 上下 二卷　武帝紀一卷　鬱林王紀一卷　海陵王紀一卷　明帝紀一卷　東昏候紀一卷　和帝紀	

梁書	武帝紀上中下三卷　簡文帝紀一卷　元帝紀一卷　敬帝紀一卷	
陳書	高祖紀上下二卷　世祖紀一卷　廢帝紀一卷　宣帝紀一卷　後主紀一卷	
魏書	(1)序紀　(2)太祖道武帝　(3)太宗明元帝　(4)上世祖太武帝 下恭宗景皇帝　(5)高宗文成帝　(6)顯祖獻文帝　(7)高祖孝文帝二卷　(8)世宗宣武帝　(9)肅宗孝明帝　前廢帝長廣王　(10)敬宗孝莊帝　(11)後廢帝（節閔帝）　(12)孝靜帝　出帝平陽王（孝武帝）	於帝紀之前，別立《序紀》，紀成帝至昭帝廿七君，蓋以道武帝以前，既不宜紀又不宜傳，故創此例。
北齊書	神武紀上下二卷　文襄紀一卷　文宣紀一卷　廢帝紀一卷　孝昭紀一卷　武成紀一卷　後主紀一卷	
周書	文帝紀上下二卷　孝閔帝紀一卷　明帝紀一卷　武帝紀上下二卷　宣帝紀一卷　靜帝紀一卷	
南史	宋本紀三卷　齊本紀二卷　梁本紀三卷　陳本紀二卷	
北史	魏本紀五卷　齊本紀三卷　周本紀二卷　隋本紀二卷	

隋書	文帝紀上下二卷　煬帝紀上下二卷　恭帝紀一卷	
舊唐書	高祖紀一卷　太宗紀上下二卷　高宗紀上下二卷 則天皇后紀一卷　中宗睿宗紀一卷　玄宗紀上下二卷 肅宗紀一卷　代宗紀一卷　德宗紀上下二卷 順宗憲宗上紀一卷　憲宗紀下一卷　穆宗紀一卷 敬宗文宗上紀一卷　文宗下紀一卷　憲宗宣宗上紀一卷 宣宗下紀一卷　懿宗上僖宗下紀一卷　昭宗上哀宗下紀一卷	《則天皇后紀》，法《史記》例。
新唐書	(1)高祖皇帝　(2)太宗　(3)高宗　(4)則天順聖武皇后中宗 (5)睿宗　玄宗　(6)肅宗代宗　(7)德宗　順宗　憲宗 (8)穆宗　敬宗　文宗　武宗　宣宗　(9)懿宗僖宗 (10)昭宗哀宗	《則天順聖武皇后紀》與《漢書》同例，后妃傳中別載則天武后事。
舊	梁　太祖紀七卷　末帝紀三卷 唐　武皇紀二卷　莊宗紀八卷　明宗紀十卷　愍帝紀一卷　末帝紀三卷	

五代史	晉 高祖紀六卷 少帝紀五卷 漢 高祖紀二卷 隱帝紀二卷 周太祖紀四卷 世宗紀六卷 恭帝紀一卷	
新五代史	梁本紀三卷 唐本紀四卷 晉本紀二卷 漢本紀一卷 周本紀二卷	
宋史	太祖紀三卷 太宗紀二卷 眞宗紀三卷 仁宗紀四卷 英宗紀一卷 神宗紀三卷 哲宗紀二卷 徽宗紀四卷 欽宗紀一卷（以上北宋） 高宗紀九卷 孝宗紀三卷 光宗紀一卷 甯宗紀四卷 理宗紀五卷 度宗紀一卷 瀛國公二王附一卷 （以上南宋）	《宋史》後附瀛國公及二王，不曰帝，而曰公曰王，固以著其不成君。然已登號建極，正統餘緒，亦不能沒其實，此例之得者。
遼史	太祖紀二卷 太宗紀二卷 世宗紀一卷 穆宗紀二卷 景宗紀二卷 聖宗紀八卷 興宗紀三卷 道宗紀六卷 天祚紀四卷	《遼史》無《序紀》，但《世表》序遼之先世與《魏書序紀》同例，故名雖爲表而不用旁行斜上之體
金史	世紀一卷 太祖紀一卷 太宗紀一卷 熙宗紀一卷 海陵紀一卷 世宗紀三卷 章宗紀四卷 衛紹王紀一卷 宣宗紀三卷 哀宗紀二卷 世紀補	《世紀》序金之先世，至世祖止，亦《魏書序紀》例也。按此從《史紀三代世表之例而變爲紀，《世紀補》紀追尊諸帝。

元史	太祖紀一卷　太宗定宗紀一卷　憲宗紀一卷　世祖紀十四卷 成宗紀四卷　武宗紀二卷　仁宗紀三卷　英宗紀二卷 泰定帝紀二卷　明宗紀五卷　文宗紀一卷　寧宗紀一卷 順帝紀一卷	
新元史	序紀一卷　太祖二卷　太宗一卷　定宗一卷 憲宗一卷　世祖六卷　成宗二卷　武宗一卷 仁宗二卷　英宗一卷　泰定帝一卷　明宗一卷 文宗二卷（下卷與寧宗合）　惠宗四卷（下卷與昭宗合卷）	
明史	太祖三卷　惠帝一卷　成祖三卷　仁宗一卷 宣宗一卷　英宗前紀一卷　景帝一卷　英宗後紀一卷 憲宗二卷　孝宗一卷　武宗一卷　世宗二卷 穆宗一卷　神宗二卷（光宗附）　熹宗一卷　莊烈帝一卷	英宗分前後紀，以景帝立其中，此例之得者。莊烈帝後不法《宋史》瀛國公例，而紀南明諸王，是其失也。

五、廿五史中之各表表

史記	三代世表	十二諸侯年表	六國年表	秦楚之際月表	漢興以來諸侯年表
漢書					異性諸侯王表
後漢書					
三國志					
晉書					
宋書					
齊書					
梁書					
陳書					
魏書					
北齊書					
周書					
南史					
北史					
隋書					
舊唐書					
新唐書		方鎮表			
舊五代史					
五代史記			十國世家譜		
宋史					
遼史	世表	屬國表			
金史					
元史					后妃表
新元史					
明史					

漢興以來將相名臣年表	建元以來王子侯者年表	建元以來侯者年表	惠景間侯者年表	高祖功臣侯年表	
百官公卿表	王子侯表		景武昭宣元成哀功臣表	高惠高后孝文功臣表	諸侯王表
宰相表	宗室世系表				
宰輔表	宗室世系表				
	皇族表				皇子表
	宗室表				
三公表 宰相表	宗室世系表			諸公主表	諸王表
宰相表	宗室世系表				
宰輔表 七卿表				功臣表	諸王表

					古今人表	外戚恩澤侯表
				宰相世系表		
		遊幸表	公主表	部族表		外戚表
	交聘表					
后妃表						
				氏族表		
						外戚表

六、廿五史中各志表

史記	禮書	樂書	律書	曆書	天官書	封禪書
漢書	禮樂志		律曆志	刑法志	天文志	郊祀志
後漢書	禮儀志		律歷		天文志	祭祀志
三國志						
晉書	禮志	樂志	律歷		天文志	
宋書	禮志	樂志	歷志		天文志	
齊書	禮志	樂志			天文志	
梁書						
陳書			律歷			
魏書	禮志	樂志		律歷志	天象志	
北齊書						
周書						
南史						
北史						
隋書	禮儀志	音樂志	律歷志		天文志	
舊唐書	禮儀志	音樂志		歷志	天文志	
新唐書	禮樂志			歷志	天文志	
舊五代史	禮志	樂志		歷志	天文志	
五代史記				·	司天志	
宋史	禮志	樂志	律歷	歷志	天文志	
遼史	禮志	樂志		歷象志		
金史	禮志	樂志		歷志	天文志	
元史	禮樂志			歷志	天文志	祭祀志
新元史	禮志	樂志		歷志	天文志	
明史	禮志	樂志		歷志	天文志	

					書準平	書渠河
	志文藝	志理地	志行五		志貨食	志洫溝
志官百		志國郡	志行五			
志官職		志理地	志行五	志法刑	志貨食	
志官百		志郡州	志行五			
志官百		志郡州	志行五			
志氏官		志形地		志罰刑	志貨食	
志官百	志籍經	志理地	志行五	志法刑	志貨食	
志官職	志籍經	志理地	志行五	志法刑	志貨食	
志官百	志文藝	志理地	志行五	志法刑	志貨食	
		志縣郡	志行五	志法刑	志貨食	
志官職	志文藝	志理地	志行五	志法刑	志貨食	志渠河
志官百		志理地		志法刑	志貨食	
志官百		志理地	志行五	志　刑	志貨食	志渠河
志官百		志理地	志行五	志法刑	志貨食	志渠河
志官百		志理地	志行五	志　刑	志貨食	志渠河
志官職	志文藝	志理地	志行五	志法刑	志貨食	志渠河

						輿服志
						輿服志
					符瑞志	
					祥瑞志	輿服志
				釋老志	靈徵志	
						輿服志
	兵　志	選舉志	儀衛志			輿服志
		選舉志				
	兵　志	選舉志	儀衛志			輿服志
營衛志	兵衛志		儀衛志			
	兵　志	選舉志	儀衛志			輿服志
	兵　志	選舉志	儀衛志			輿服志
	兵　志	選舉志				輿服志
	兵　志	選舉志	儀衛志			輿服志

七、廿五史中類傳表

史記	刺客	循吏	儒林	酷吏	游俠	佞幸	滑稽	日者 龜策
漢書		循吏	儒林	酷吏		佞幸		
後漢書		循吏	儒林	酷吏				方術
三國志								
晉書		良吏	儒林					藝術
宋書		良吏				恩幸		
齊書		良政				倖臣		
梁書		良吏	儒林					
陳書			儒林					
魏書		良吏		酷吏		恩倖		藝術
北齊書		循吏	儒林	酷吏		恩幸		方伎
周書			儒林					藝術
南史		良吏	儒林			恩倖		
北史		循吏	儒林	酷吏		恩倖		藝術
隋書		循吏	儒林	酷吏				藝術
舊唐書		循吏	儒林	酷吏				方技
新唐書		良吏	儒林	酷吏				方技
舊五代史								
五代史記								
宋史		循吏	儒林			佞幸		方伎
遼史		能吏						方伎
金史		循吏		酷吏		佞幸		方伎
元史		循吏	儒學					方伎
新元史		循吏	儒林					藝術
明史		循吏	儒林			佞幸		方伎

										殖貨
									戚外	殖貨
			女列	逸	行獨	苑文	者宦	錮黨		
戚外	義忠	友孝	女列	逸隱	室宗	苑文			妃后	
		義孝		逸隱					妃后	
		義孝		逸高		學文			后皇	
		行孝		士處		學文			后皇	
		行孝				學文			后皇	
戚外	義節	感孝	女列	士逸		苑文	官閹		妃后	
戚外						苑文			妃后	
		義孝							妃后	
		義孝		逸隱		學文			妃后	
戚外	義節	行孝	女列	逸隱		苑文			妃后	
戚外	節誠	義孝	女列	逸隱		學文			妃后	
戚外	義忠	友孝	女列	逸隱		苑文	官宦		妃后	
戚外	義忠	友孝	女列	逸隱	行卓	藝文	官宦		妃后	
									妃后	
	節死				行一		官宦			
戚外	義忠	義孝	女列	逸隱	行卓	苑文	官宦		妃后	
			女列		行卓	學文	官宦		妃后	
戚外	義忠	友孝	女列			藝文	者宦		妃后	
	義忠	友孝	女列				者宦		后皇	
	義忠		女列	逸隱	行篤	苑文	者宦		妃后	
戚外	義忠	友孝	女列	逸隱		苑文	者宦		妃后	

										止足
					逆臣	叛臣	姦臣	藩鎮	公主	
		伶官	義兒	雜傳		叛臣	姦臣		公主	
					逆臣		姦臣			
		伶官			逆臣	叛臣				
	釋老				逆臣	叛臣	姦臣			
	釋老									
闇黨 流賊 土司						叛臣	姦臣			